Benjamin Lindsey

Father of the Juvenile Courts

Benjamin Lindsey

Father of the Juvenile Courts

by Gretchen Allgeier

Filter Press, LLC
Palmer Lake, Colorado

Benjamin Lindsey
by Gretchen Allgeier

To all of my family, near and far,
who have always supported me.

ISBN: 978-0-86541-173-9
LCCN: 2013947115

Produced with the support of Colorado Humanities and the National
Endowment for the Humanities. Any views, findings, conclusions,
or recommendations expressed in this publication do not necessarily
represent those of the National Endowment for the Humanities or
Colorado Humanities.

Cover photo courtesy DPL, Western History Collection

Printed in the United States of America

Published by Filter Press, LLC, in cooperation with
Denver Public Schools and Colorado Humanities

Great Lives in Colorado History

Contents

Judge Benjamin Barr Lindsey, 1869–1943

Introduction

In 1901 under Colorado law, 10-year-old boys could be sentenced to jail for minor offenses. Such is the story of one 10-year-old boy who stood, wide-eyed and trembling, before Judge Benjamin Barr Lindsey. The charges against him were read. The railroad detective gave his **testimony**. The boy had stolen coal from along the railroad tracks. The boy stole the coal to help heat his house, but that did not matter. Because of Colorado laws, Judge Lindsey had no choice but to find the boy guilty and sentence him to jail. His mother's cries could be heard from the hallway. Sentencing a child upset Ben very much. This boy did break the law, but he was not a criminal. The judge set the boy free and took responsibility for him. Ben realized he had to do something to help other young **offenders**.

Early Years

Benjamin Barr Lindsey was born in Jackson, Tennessee, on November 25, 1869. Ben was the oldest of four children. His family lived on their grandfather's farm until Ben's father got a job as a **telegraph operator** in Denver. When Ben was 11, the family moved west to be with his father. When his father lost his job, Ben and his brother Chal moved back to their grandfather's farm. Ben did not like living in the city and was glad to be back in the country.

Ben's father became ill and could not work. Ben and his brother returned to Denver and got jobs to help support the family. Ben's father was sad that he did not have a job and that he was sick. When Ben was 18 years old, his father took his own life.

Now Ben and his brother had to support the family. Ben earned $10 a week at a **real**

estate office, which would be about $250 in today's money. It was hard to support a family of five on that amount of money, so he got up early every day to deliver the *Rocky Mountain News* before he went to work at the real estate office. After his day at the office, he had a job as a janitor.

As a young boy, Ben dreamed of being a lawyer. In addition to working three jobs, he tried to study law. Ben pushed himself too hard. He did not eat or sleep enough. The family never had enough money for expenses. At 19 years of age, Ben felt **overwhelmed**. He tried to take his own life, but he realized that he had many reasons to live. He wrote later, "I went back to my life with something of a man's determination to crush the **circumstances** that had almost crushed me."

Becoming a Lawyer

Ben found a new job that paid more, and his brother found a job at a law office. Because Ben wanted to study law, they switched jobs, and Ben became a **clerk** in the law office. He studied hard and earned a law degree from the University of Denver in 1894. Soon Ben had a chance to represent a person in court. He won the lawsuit for his client. This gave him a much-needed boost of **self-confidence** and changed his life forever. He liked helping people.

After Ben received his law degree, he opened a law office with a friend. He continued to work as a lawyer until 1900. Then, at the age of 31, he was appointed a county court judge. During his lifetime, he ran for other public offices, such as district attorney, governor, and district judge, but the only election he ever won was for district judge.

Judge Benjamin Lindsey was described as the Father of Juvenile Court in this flyer printed between 1900 and 1910.

Juvenile Court Judge

As a county court judge, Ben heard many cases involving young people who were accused of committing crimes. Depending on their crimes, some were sent to the State **Reform School** in Golden. Others, as young as seven or eight, were sent to prison with adult criminals. Ben believed that he must do something to help these youngsters.

As a new judge, Ben worked hard to help pass laws that would protect children. He helped set an age limit for going into **saloons** and gambling halls to keep children out. Ben **prosecuted** parents who **neglected** their children. He created a **juvenile** court where all children were tried for their crimes under special rules. He convinced the Denver City Council to create a **detention center** so youths were not imprisoned with adult criminals. He hired **parole officers** to help

Judge Lindsey with some boys he helped by creating a court to judge and sentence young offenders.

children stay out of trouble after they were released from detention centers. He fought to strengthen school attendance laws and child labor laws. He helped create public playgrounds so children did not have to play in the streets and alleys. Early in the 20th century, many homes in Denver did not have running water, so he allowed youths to use the water fountain in front of the courthouse to bathe. Meanwhile, he worked to get public **bathhouses** built.

Ben also wanted the big companies that employed children's parents to make changes. He wanted companies to pay higher wages, limit workdays to eight hours, create safer work environments, and provide **workmen's compensation**. He thought these changes would help parents better provide for their children and be able to spend more time with

Judge Lindsey sentenced this young boy to a juvenile detention center. The boy did not want to be separated from his dog, so the judge sent the dog with him.

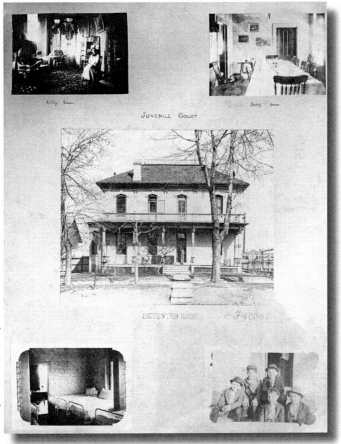

The first Detention Home School was located at 2844 Downing Street in the Five Points neighborhood. The captions beneath the photographs read: Sitting Room, Dining Room, Juvenile Court Detention House, Dormitory, and First 5 Occupants.

them. The owners of these big companies were not happy with him.

Ben established what became known as the Juvenile and Family Court system in Denver. He became the judge for the Denver Juvenile Courts in 1907 and held this position until 1927. He did not want young offenders to be treated as criminals. He said that punishment "does not deter others, and never has in the history of the world." The troubled youths needed guidance, education, and understanding. Ben did not want them kept in jails with adult criminals. Courts all over the United States contacted Ben about making changes in their juvenile courts. Word of the changes spread all over the world. People from England, Australia, Germany, Japan, Russian, and India wrote to him for information on how to create their own juvenile court systems.

An Honest Judge

While Ben was working hard for the youth of Denver, he questioned some of the actions and practices of Denver County and Colorado state employees. He found out that the county was being overcharged for office supplies by as much as 20 times the cost, so something that should cost $1 would cost $20! He also discovered that some **politicians** in the city and state were buying their positions. They paid people to vote for them and worked to prevent those they did not want in political office from getting votes. In addition, Ben refused to appoint court clerks who did not have the proper education and experience.

When Ben started to look into these problems, he was told that these things did not concern him and to stop. The people who had helped him get a job as a judge were angry with him. They told him he should be grateful to them for helping him get his job. He lost their support.

The politicians and business leaders did many mean things to Ben. They did not allow the janitors to clean his courtroom and office. They investigated his **private life** and tried to make him look bad. They started rumors about him that were not true. The big politicians would not talk to him when they saw him or accept phone calls from him. They convinced other people not to talk to him at his office or on the local **streetcar** that he took to work each day.

While these things were happening, Ben became famous among the youth of Denver and was well liked by them. He was fair and honest in his dealings with them. He trusted them and listened to their concerns. He wanted them to learn to be responsible for their behavior. In turn, the youths trusted him and, at times, even told on themselves when they did something wrong! They would

Judge Lindsey changed the way the court system tried and punished children. He thought there should be different rules for young people who broke the law.

☞ *Benjamin Lindsey* 13

do things for him that they would not do for others in authority. Perhaps one reason they felt so comfortable with him was that Ben was not much bigger than they were. He was only five feet, five inches tall and weighed less than 100 pounds. The kids called him "da Kids' Judge." Others called him "the Little Judge."

The State Reform School in Golden was about 23 miles west of Denver. When Judge Lindsey sentenced an offender to a term there, he sent the boy to the school by himself without a guard. In eight years of sending hundreds of boys there on their own, only five failed to show up. The rest took Ben's trust and authority seriously and did not want to disappoint him. Almost all of the young people he dealt with became upstanding citizens who contributed to society despite rocky beginnings. Before Ben's reforms, most juveniles who were sentenced to jail with adult criminals returned to lives of crime and jail within five years.

Other Interests

In addition to his work for Colorado's youth, Ben strongly supported women's rights. He felt that women should have the right to vote. He was in favor of **conservation** of natural resources, too, and he supported **charities**. Ben also wrote many books, magazine articles, and papers on subjects important to him.

Because of his support of issues such as women's rights, he made many enemies throughout the United States. However, Ben had some important supporters including President Theodore Roosevelt and his Denver neighbor Margaret "Molly" Brown, the heroine of the *Titanic*, who considered him a dear friend. Denver businesswoman and **humanitarian** Josephine Aspinwall Roche also strongly supported and encouraged the judge's work. At one time, she even worked for him in the juvenile courts. In 1914, at the age of 42 and after much poverty, stress, and hard work in Ben's life, *American Magazine* declared him one of the top ten Greatest Living Americans.

Troubles in Colorado

For all his national fame and followers, Ben continued to have problems at home in Colorado. He was outspoken about his ideas and opinions. He also spoke about his dislike of the Ku Klux Klan (KKK), a group that believed white people were superior to everyone else. Many important political officeholders and powerful people who ran the big companies in Denver and Colorado belonged to the KKK in the 1920s. They wanted to get rid of the kids' judge. They made up terrible stories about him and wrongfully accused him of things he did not do. Once a boy told Ben about a crime, and the judge refused to tell anyone because the boy trusted Ben with his secret. The powerful people who disliked Judge Lindsey accused him of **contempt of court** because he would not tell the boy's story. He was fined a large

Courtesy DPL, Western History Collection

In 1925 Ben and Henrietta adopted a daughter when she was three years old. They named her Benetta, which was a combination of Benjamin and Henrietta.

18 *Benjamin Lindsey* ⌒

amount of money that would be difficult for him to pay. He did not have much money since he spent most of his money helping the children he saw in his court. People from all over the country sent the judge letters and money to help him pay the fine. Ben donated the money to charity and paid the fine a little at a time out of his own money.

Ben won the 1924 election for district judge. The Ku Klux Klan supported the man who ran against him in the election, and the KKK fought to **overturn** the election. The group accused Ben of cheating, and the Colorado Supreme Court ruled against Ben. In 1929, he was disbarred by the Colorado State Bar Association. This meant that he was no longer allowed to work as an attorney or a judge in the state of Colorado.

California Years

Ben, his wife, and daughter moved to California in 1929. Mrs. Lindsey was ill, and doctors thought California's climate would be better for her health. Another reason they moved was so Ben could practice law there. He was not disbarred in California.

At the age of 62, Ben started his career over. He continued to practice law. In 1934 he became a judge on the California Superior Court and the California Children's Court, which was like the juvenile court system Ben began in Colorado. He continued his work for better treatment of young offenders and for workers' and women's rights.

In 1935, the Colorado Supreme Court reversed its decision regarding Ben's disbarment. He was allowed to work as a lawyer in Colorado again. He chose to stay in California and did not return to Colorado.

On March 26, 1943, Judge Benjamin Barr Lindsey died of a heart attack at his home in California. He was 73 years old. As he wished, some of his ashes were buried at the Juvenile Court in Denver. Shortly after his death, a statue of him was donated to the Juvenile Court and remains on display there still.

In 2010 a new courthouse was built in Denver. It was named the Lindsey-Flanigan Courthouse in honor of Benjamin Barr

The Lindsey-Flanigan Courthouse honors Ben Lindsey and Judge James C. Flanigan. Judge Flanigan was a well-respected African-American District Court judge, District Attorney, and Municipal Court judge.

Lindsey and James C. Flanigan, the first African American to serve as a Denver District Court judge. This courthouse is located at 520 West Colfax in Denver.

Legacy

Despite his problems and poverty as a young boy, Benjamin Barr Lindsey took control of his life. Even after he achieved his childhood dream of becoming a lawyer, his life was not easy. He stood by his principles of honesty and concern for other people. He made the most of his talents and improved the lives of many people. His work for and with juvenile offenders was not only important to Denver and Colorado, but to all of the United States. In fact, his system is the basis for all the juvenile court systems throughout the world.

Questions to Think About

- Ben did not want young offenders to go to jail with adult criminals. What did he think boys needed instead of punishment?

- Almost all of the kids Ben worked with became upstanding citizens who contributed to society despite their rocky beginnings. Why do you think that is?

- Why were local businessmen and politicians upset with Ben after they appointed him a county court judge?

Questions for Young Chautauquans

- Why am I (or should I be) remembered in history?

- What hardships did I face, and how did I overcome them?

- What is my historical context (what else was going on in my time)?

Glossary

Bathhouses: buildings equipped for bathing.

Charities: organizations that help people in need.

Circumstances: the way things are; events.

Clerk: a person whose job is to keep records and accounts.

Conservation: the protection of valuable things.

Contempt of court: disobedience or disrespect to a court, judge, or legislature.

Detention center: a place where young offenders serve the sentences that courts give out.

Humanitarian: a person who works to make sure others are treated fairly and with respect.

Juvenile: a child or young person under the age of 18.

Neglected: given little attention or respect.

☞ *Benjamin Lindsey* 25

Offenders: those who do something wrong.

Overturn: to reverse a previous court decision.

Overwhelmed: had very strong emotional feelings.

Parole officers: people who supervise other people who are released from prison before their sentences have been fully served.

Politicians: people who take an active part in politics or government business.

Private life: what a person does that is not related to his or her job or official work.

Prosecuted: took legal action against an accused person to prove his or her guilt.

Real estate office: a business that deals with buying and selling property, including buildings and land.

Reform school: a place where young offenders serve the sentences that courts give out.

Saloons: places where men went to drink alcoholic drinks, such as beer, and socialize.

Self-confidence: the feeling of trust or belief in one's ability.

Streetcar: a vehicle that holds many passengers and runs on rails through city streets.

Telegraph operator: a person who operates an electric device that sends messages by a code over wires.

Testimony: a statement made by witnesses under oath in courts.

Workmen's compensation: payment to unemployed or injured workers.

Glossary

Timeline

1861
Colorado became a territory
of the United States.

1869
Benjamin was born in
Jackson, Tennessee.

1876
Colorado became
the 38th state.

1880
Ben moved to Denver
with his family.

1887
Ben's father died.

1894
Ben received his law degree
from the University of
Denver.

Timeline

1900
Ben was appointed
a county court judge.

1903
Ben opened Denver Juvenile
Court, one of the first in the
country.

1929
Ben was disbarred by
the Colorado State Bar
Association. He and his
family moved to California.

1935
The Colorado Supreme
Court reversed Ben's
disbarment.

1943
Judge Benjamin Barr
Lindsey died in California.

2010
A new courthouse in Denver
was named for Ben.

Bibliography

Ben B. Lindsey papers (Collection number 832). Department of Special Collections, Charles E. Young Research Library, UCLA. http://oac.cdlib.org/findaid/ark:/13030/kt5q2nb9fb/ Accessed August 30, 2012.

Huber, Frances Anne. Master's thesis, University of Michigan, Ann Arbor, *The Progressive Career of Ben B. Lindsey, 1900–1920*, 1963.

Larsen, Charles. *The Good Fight: The Life and Times of Ben B. Lindsey*. Chicago: Quadrangle Books, 1972.

Lindsey, Ben B., and Harvey J. O'Higgins. *The Beast*. Seattle: University of Washington Press, 1970. First published 1910 by Doubleday, Page & Company.

Lindsey, Ben B. (Ben Barr). *The Revolt of Modern Youth*. New York: Boni & Liveright, 1925.

Lindsey, Ben B., and Rube Borough. *The Dangerous Life*. New York: Arno Press, 1974. First published 1931 by H. Liveright.

Markham, Edwin, Benjamin B. Lindsey, and George Creel. *Children in Bondage*. New York: Arno, 1969. First published 1914 by Hearst's International Library Co.

Index

About This Series

In 2008 Colorado Humanities and Denver Public Schools' Social Studies Department began a partnership to bring Colorado Humanities' Young Chautauqua program to DPS and to create a series of biographies of Colorado historical figures written by teachers for young readers. The project was called Writing Biographies for Young People. Filter Press joined the effort to publish the biographies in 2010 under the series title Great Lives in Colorado History.

The volunteer teacher-writers committed to research and write the biography of a historic figure of their choice. The teacher-writers learned from Colorado Humanities Young Chautauqua speakers and authors and participated in a four-day workshop that included touring three major libraries in Denver: The Stephen H. Hart Library and Research Center at History Colorado, the Western History and Genealogy Department in the Denver Public Library, and the Blair-Caldwell African American Research Library. To write the biographies, they used the same skills expected of students: identify and locate reliable sources for research, document those sources, and choose appropriate information from the resources.

The teachers' efforts resulted in the publication of thirteen biographies in 2011 and twenty in 2013. With access to the full classroom set of age-appropriate biographies, students will be able to read and research on their own, learning valuable research and writing skills at a young age. As they read each biography, students will gain knowledge and appreciation of the struggles and hardships overcome by people from our past, the time period in which they lived, and why they should be remembered in history.

Knowledge is power. The Great Lives in Colorado History biographies will help Colorado students know the excitement of learning history through the life stories of heroes.

Information about the series can be obtained from any of the three partners:

Filter Press at www.FilterPressBooks.com
Colorado Humanities at www.ColoradoHumanities.org
Denver Public Schools at curriculum.dpsk12.org

Acknowledgments

Colorado Humanities and Denver Public Schools acknowledge the many contributors to the Great Lives in Colorado History series. Among them are the following:

The teachers who accepted the challenge of writing the biographies

Dr. Jeanne Abrams, Director of the Rocky Mountain Jewish Historical Society and Frances Wisebart Jacobs subject expert

Paul Andrews and Nancy Humphry, Felipe and Dolores Baca subject experts

Dr. Anne Bell, Director, Teaching with Primary Sources, University of Northern Colorado

Analía Bernardi, Spanish Translator, Denver Public Schools

Mary Jane Bradbury, Colorado Humanities Chautauqua speaker and Augusta Tabor subject expert

Joel' Bradley, Project Coordinator, Denver Public Schools

Sue Breeze, Colorado Humanities Chautauqua speaker and Katharine Lee Bates subject expert

Betty Jo Brenner, Program Coordinator, Colorado Humanities

Tim Brenner, editor

Margaret Coval, Executive Director, Colorado Humanities

Michelle Delgado, Elementary Social Studies Coordinator, Denver Public Schools

Jennifer Dewey, Reference Librarian, Denver Public Library, Western History Genealogy Department

Jen Dibbern and Laura Ruttum Senturia, Stephen H. Hart Library and Research Center, History Colorado

Coi Drummond-Gehrig, Digital Image Sales and Research Manager, Denver Public Library

Susan Marie Frontczak, Colorado Humanities Chautauqua speaker and Young Chautauqua coach

Tony Garcia, Executive Artistic Director of El Centro Su Teatro and Rodolfo "Corky" Gonzales subject expert

Melissa Gurney, City of Greeley Museums, Hazel E. Johnson Research Center

Jim Havey, Producer/Photographer, Havey Productions, Denver, Colorado

Josephine Jones, Director of Programs, Colorado Humanities

Jim Kroll, Manager, Western History and Genealogy Department, Denver Public Library

Steve Lee, Colorado Humanities Chautauqua speaker and Otto Mears subject expert

April Legg, School Program Developer, History Colorado, Education and Development Programs

Nelson Molina, Spanish language editor and translation consultant

Terry Nelson, Special Collection and Community Resource Manager, Blair-Caldwell African American Research Library and Fannie Mae Duncan subject expert

Jessy Randall, Curator of Special Collections, Colorado College, Colorado Springs, Colorado

Elma Ruiz, K–5 Social Studies Coordinator, Denver Public Schools, 2005–2009

Keith Schrum, Curator of Books and Manuscripts, Stephen H. Hart Library and Research Center, History Colorado

William Thomas, Pike Peak Library District

Danny Walker, Senior Librarian, Blair-Caldwell African American Research Library

Dr. William Wei, Professor of History, University of Colorado, Boulder, and Chin Lin Sou subject expert

About the Author

Before becoming a DPS elementary teacher, Gretchen Allgeier owned and operated a lace-making supply business and authored numerous articles in lace trade magazines. Gretchen is now retired and lives in Denver with her husband, daughter, and too many cats.

About the Author

Benjamin Lindsey

Fundador de los tribunales
de menores

Benjamin Lindsey

Fundador de los tribunales de menores

por Gretchen Allgeier

Filter Press, LLC
Palmer Lake, Colorado

Benjamin Lindsey
por Gretchen Allgeier

A todos mis familiares, cercanos y lejanos,
que siempre me han apoyado.

ISBN: 978-0-86541-173-9
LCCN: 2013947115

Producido con el apoyo de la organización Colorado Humanities y
el fondo National Endowment for the Humanities. Las opiniones,
hallazgos, conclusiones o recomendaciones expresadas en la presente
publicación no necesariamente representan los de la organización
Colorado Humanities o los del fondo National Endowment for the
Humanities.

Foto de portada cortesía de la Biblioteca DPL, Colección de Historia
Occidental

Impreso en los Estados Unidos de América

Publicado por Filter Press, LLC, en cooperación con
las Escuelas Públicas de Denver y la organización
Colorado Humanities.

Grandes vidas de la historia de Colorado

Augusta Tabor por Diane Major
Barney Ford por Jamie Trumbull
Benjamin Lindsey por Gretchen Allgeier
Bill Hosokawa por Steve Walsh
Charles Boettcher por Grace Zirkelbach
Chief Ouray por Steve Walsh
Chin Lin Sou por Janet Taggert
Clara Brown por Suzanne Frachetti
Doc Susie por Penny Cunningham
Elbridge Gerry por Jennifer L. Buck
Emily Griffith por Emily C. Post
Enos Mills por Steve Walsh
Fannie Mae Duncan por Angela Dire
Felipe and Dolores Baca por E. E. Duncan
Florence Sabin por Stacey Simmons
Frances Wisebart Jacobs por Martha Biery
Hazel Schmoll por Penny Cunningham
Helen Hunt Jackson por E. E. Duncan
Kate Slaughterback por Lindsay McNatt
Katharine Lee Bates por Monique Cooper-Sload
John Dyer por Jane A. Eaton
John Routt por Rhonda Rau
John Wesley Powell por Suzanne Curtis
Josephine Aspinwall Roche por Martha Biery
Justina Ford por K. A. Anadiotis
Little Raven por Cat DeRose
Otto Mears por Grace Zirkelbach
Ralph Carr por E. E. Duncan
Richard Russell por Christine Winn
Robert Speer por Stacy Turnbull
Rodolfo "Corky" Gonzales por Jorge-Ayn Riley
William Bent por Cheryl Beckwith
Zebulon Montgomery Pike por Steve Walsh

Contenido

Judge Benjamin Barr Lindsey, 1869–1943

Introducción

En 1901, según las leyes de Colorado, los niños de diez años podían ser condenados a prisión por delitos menores. Tal es la historia de un niño de esa edad que permanecía de pie, tembloroso y con los ojos muy abiertos, frente al juez Benjamin Barr Lindsey. Se leyeron los cargos en su contra. El detective del ferrocarril prestó su **declaración**. El niño había robado carbón de los alrededores de las vías del ferrocarril. Lo había hecho para ayudar a calentar su casa, pero eso no importaba. En virtud de las leyes de Colorado, el juez Lindsey no tenía otra opción que declararlo culpable y condenarlo a prisión. El llanto de la madre se oía desde el pasillo. Condenar a un niño disgustaba mucho a Ben. El niño había violado la ley, pero no era un delincuente.
El juez lo dejó en libertad y se hizo

responsable de él. Ben se dio cuenta de
que tenía que hacer algo para ayudar a otros
menores **infractores**.

Los primeros años

Benjamin Barr Lindsey nació en Jackson, Tennessee, el 25 de noviembre de 1869. Era el mayor de cuatro niños. Su familia vivió en la granja de su abuelo hasta que el padre de Ben consiguió trabajo como **operador de telégrafo** en Denver. Cuando Ben tenía once años, la familia se mudó al oeste para estar con el padre. Cuando este perdió el trabajo, Ben y su hermano Chal volvieron a mudarse a la granja de su abuelo. A Ben no le gustaba vivir en la ciudad y estaba contento de estar de vuelta en el campo.

El padre de Ben se enfermó y no podía trabajar. Ben y su hermano regresaron a Denver y consiguieron trabajo para ayudar a mantener a la familia. El padre de Ben estaba triste porque no tenía trabajo y estaba enfermo. Cuando Ben tenía dieciocho años, su padre se suicidó.

Ahora él y su hermano tenían que encargarse de la manutención de la familia. Ben ganaba 10 dólares por semana, que hoy en día equivaldrían a unos 250 dólares, en una **oficina inmobiliaria**. Con ese dinero resultaba difícil mantener a una familia de cinco, de modo que se levantaba temprano todos los días para repartir el periódico *Rocky Mountain News* antes de irse a trabajar a la oficina inmobiliaria. Luego de la jornada en la oficina, trabajaba como conserje.

De niño, Ben soñaba con ser abogado. Además de tener tres empleos, intentaba estudiar abogacía. Ben se esforzaba demasiado; no comía ni dormía lo suficiente. Su familia nunca tenía dinero suficiente para los gastos. A los diecinueve años, Ben se sintió **abrumado**. Intentó suicidarse, pero se dio cuenta de que tenía muchas razones para vivir. Más adelante escribió: "Retomé mi vida con algo más que la determinación de

un hombre para abatir las **circunstancias** que casi me habían avasallado a mí".

Benjamin se convierte en abogado

Ben encontró un trabajo con mejor paga y su hermano consiguió un empleo en una oficina jurídica. Como Ben quería estudiar abogacía, intercambiaron los trabajos y Ben se convirtió en **asistente administrativo** de la oficina jurídica. Estudió con ahínco y se recibió de abogado en la Universidad de Denver en 1894. Poco después, tuvo la oportunidad de representar a una persona en los tribunales y ganó la demanda de su cliente. Esto representó un impulso que necesitaba mucho para ganar **confianza en sí mismo** y le cambió la vida para siempre. Le gustaba ayudar a las personas.

Luego de recibirse, abrió una oficina jurídica con un amigo. Continuó trabajando como abogado hasta 1900. A los treinta y un años lo designaron juez del tribunal del

condado. En el transcurso de su vida, se postuló a otros cargos públicos, como fiscal de distrito, gobernador y juez de distrito, pero la única elección que ganó fue la de juez de distrito.

En este folleto, impreso entre 1900 y 1910, se describe al juez Benjamin Lindsey como fundador del Tribunal de Menores.

Juez del Tribunal de Menores

Como juez del tribunal del condado, Ben intervenía en muchos casos que involucraban a jóvenes acusados de cometer delitos. Según el delito, algunos eran enviados al **reformatorio** estatal de Golden, y otros, como los niños de siete u ocho años, eran enviados a prisión con delincuentes adultos. Ben creía que tenía que hacer algo para ayudar a estos jóvenes.

Como nuevo juez, trabajó duro para que se aprobaran leyes que protegieran a los niños. Ayudó a que se estableciera un límite mínimo de edad para entrar en **bares** y casas de juego a fin de mantener a los niños lejos de estos lugares. Ben **procesó** a padres que **descuidaban** a sus hijos. Creó un tribunal de **menores** donde se aplicaban leyes especiales para juzgar a los niños que habían cometido

delitos. Logró convencer al Concejo de la
Ciudad de Denver para que creara un **centro
de detención** a fin de no encarcelar a los
menores junto con los delincuentes adultos.
Contrató a **oficiales de libertad condicional**
para que ayudaran a los niños a no volver
a meterse en problemas una vez que eran
liberados de los centros de detención. Luchó
para fortalecer las leyes que regulaban la
asistencia a la escuela y el trabajo infantil.

*El juez Ben Lindsey con algunos niños a los que ayudó
mediante la creación de un sistema de tribunales de menores
para juzgar y condenar a menores infractores.*

☞ *Benjamin Lindsey* 9

Ayudó a crear áreas recreativas públicas para que los niños no tuvieran que jugar en calles y callejones. A principios del siglo XX, muchas casas en Denver no contaban con agua corriente, de modo que les permitió a los jóvenes utilizar el agua de la fuente que se encontraba frente al tribunal para que pudieran bañarse. Mientras tanto, trabajó para que se construyeran **baños públicos**.

Ben también quería que las grandes compañías que empleaban a los padres de los niños realizaran algunos cambios. Entre otras cosas, quería que pagaran sueldos más altos, limitaran la jornada laboral a ocho horas, crearan entornos de trabajo más seguros y ofrecieran **indemnización por accidentes de trabajo y desempleo**. Pensaba que estos cambios ayudarían a que los padres pudieran cubrir mejor las necesidades de sus hijos y pasar más tiempo con ellos. Los dueños de estas grandes compañías no estaban contentos con él.

El juez Lindsey condenó a este joven a un centro de detención de menores. El niño no quería que lo separaran de su perro, así que el juez ordenó que el perro fuera con él.

Ben fundó lo que se conoció como "sistema de tribunales de familia y menores" de Denver. Fue nombrado juez de los tribunales de menores de Denver en 1907 y conservó su puesto hasta 1927. Él no quería que se tratara a los menores infractores como si fueran delincuentes. Decía que el castigo "no disuade a los demás y nunca lo ha hecho en la historia de la humanidad". Los jóvenes problemáticos necesitaban

☞ *Benjamin Lindsey* 11

El primer centro de detención estaba ubicado en 2844 Downing Street, en el vencindario de Five Points. Las leyendas debajo de las fotografías dicen: "sala de estar", "comedor", "centro de detención del Tribunal de Menores", "dormitorio" y "los primeros cinco ocupantes".

orientación, educación y comprensión. Ben no quería que los tuvieran en prisiones junto con delincuentes adultos. Desde distintos lugares de los Estados Unidos, se contactaban con él para consultarlo sobre cómo hacer modificaciones en los tribunales de menores. Por todo el mundo se corrió la voz de los cambios. Le escribían desde Inglaterra, Australia, Alemania, Japón, Rusia e India para pedirle información sobre cómo crear sus propios sistemas de tribunales de menores.

Un juez honesto

Mientras Ben trabajaba duro por los jóvenes de Denver, también cuestionaba algunas de las prácticas y formas de proceder de los empleados estatales de Colorado y el Condado de Denver. Se enteró de que el condado pagaba un sobreprecio por los artículos de oficina de hasta veinte veces el costo real, de modo que algo que valía 1 dólar ¡podía llegar a costar 20 dólares! También descubrió que algunos **políticos** de la ciudad y del estado compraban sus cargos. Lo que hacían era pagarle a la gente para que votara por ellos, y a su vez trataban de impedir que las personas que ellos no querían accedieran a cargos políticos. Además, Ben se rehusó a nombrar actuarios que no tuvieran la educación y experiencia adecuadas.

Cuando comenzó a ocuparse de estos problemas, le dijeron que esos asuntos no le concernían y que se detuviera. Las personas

El juez Lindsey cambió la forma en que el sistema judicial trataba y castigaba a los menores de edad. Él pensaba que debería haber reglas diferentes para los jóvenes que infringían la ley.

que lo habían ayudado a convertirse en juez estaban enojadas con él. Le dijeron que debería estar agradecido con ellas por haberlo ayudado a obtener su puesto. Ben perdió su apoyo.

Los políticos y líderes empresariales le hicieron muchas cosas mezquinas a Ben. No permitían que los conserjes limpiaran su sala del tribunal ni su despacho, investigaban su **vida privada** y trataban de hacerlo quedar mal, e iniciaban rumores sobre él que no eran ciertos. Los políticos más importantes no le hablaban cuando lo veían o no atendían sus llamadas telefónicas, e incluso convencieron a otras personas para que no le hablaran en su despacho o en el **tranvía** local que tomaba todos los días para ir a trabajar.

Mientras sucedían estas cosas, Ben se volvió famoso y muy querido entre los jóvenes de Denver. Era justo y honesto en su trato con ellos. Además, les tenía confianza y escuchaba sus inquietudes. Quería que aprendieran a

ser responsables por su comportamiento. A su vez, los jovencitos confiaban en Ben y, en ocasiones, incluso se confesaban culpables cuando habían hecho algo malo. Hacían cosas por él que no hubieran hecho por otras autoridades. Tal vez la razón por la que se sentían tan cómodos con él era que Ben no era mucho más grande que ellos, ya que medía cinco pies con cinco pulgadas y pesaba menos de cien libras. Los niños lo llamaban "juez de los niños". Otros lo llamaban "el pequeño juez".

El reformatorio estatal de Golden se encontraba a unas 23 millas al oeste de Denver. Cuando el juez Lindsey condenaba a un infractor a cumplir una condena allí, enviaba al niño al reformatorio solo, sin guardias. En los ocho años que envió a centenares de jóvenes solos, solamente cinco no se presentaron. El resto se tomaba en serio la autoridad y confianza de Ben y no quería defraudarlo. La mayoría de los jóvenes

con los que lidió se volvieron ciudadanos respetables que contribuyeron a la sociedad a pesar de sus difíciles comienzos. Antes de las reformas de Ben, la mayoría de los jóvenes que eran condenados a estar en prisión con delincuentes adultos reincidían en la vida delictiva y regresaban a la cárcel antes de que pasaran cinco años.

Otras inquietudes

Además de su trabajo con los jóvenes de Colorado, Ben era un firme defensor de los derechos de las mujeres. Pensaba que estas debían tener derecho a votar. También estaba a favor de la **preservación** de los recursos naturales y apoyaba a las **organizaciones benéficas**. Además, escribió muchos libros, artículos de revistas y trabajos sobre temas importantes para él.

Debido a su apoyo a este tipo de causas como la de los derechos de las mujeres, cosechó muchos enemigos en distintas partes del país. No obstante, contó con el apoyo de algunas personas importantes, como el Presidente Theodore Roosevelt y su vecina de Denver Margaret "Molly" Brown, la heroína del *Titanic*, quien lo consideraba un querido amigo. La empresaria y **filántropa** de Denver Josephine Aspinwall Roche también apoyó y

fomentó con entusiasmo el trabajo del juez. En una ocasión hasta trabajó para él en el tribunal de menores. En 1914, a los 42 años de edad y luego de una vida de mucha pobreza, estrés y trabajo duro en la vida de Ben, la revista *American Magazine* lo declaró uno de los diez estadounidenses con vida más admirables.

Problemas en Colorado

A pesar de sus seguidores y su fama en todo el país, Ben continuó con problemas en Colorado, donde vivía. Era franco con sus ideas y opiniones. También manifestaba su desagrado por el Ku Klux Klan (KKK), un grupo que creía que las personas blancas eran superiores a todas las demás. En la década de los años veinte, muchos funcionarios políticos importantes del gobierno y personas poderosas que dirigían las grandes compañías de Denver y Colorado pertenecían al KKK y querían deshacerse del juez de los niños. Inventaron horribles historias sobre él y lo acusaron injustamente de cosas que no hizo. En una ocasión, un niño le confesó un delito a Ben y el juez se rehusó a decírselo a nadie porque el niño le había confiado su secreto. Las personas poderosas a quienes no les agradaba el juez Lindsey lo acusaron de **desacato al tribunal**

En 1925, Ben y Henrietta adoptaron a una niña de tres años. A la niña le dieron por nombre Benetta, una combinación de Benjamin y Henrietta.

porque no les contó la historia del niño. Lo multaron con una gran suma de dinero que le sería difícil de pagar. Él no tenía mucho dinero ya que la mayoría lo gastaba ayudando a los niños que veía en el tribunal. Personas de todo el país enviaron cartas y dinero para ayudarlo a pagar la multa. Ben donó el dinero a las organizaciones de beneficencia y pagó la multa poco a poco con su propio dinero.

En 1924, ganó las elecciones para juez de distrito. El Klu Klux Klan, que apoyaba al rival de Ben en las elecciones, trató de **revocar** la votación. El grupo acusó a Ben de fraude, y la Suprema Corte de Colorado dictaminó en contra de Ben. En 1929, el colegio de abogados Colorado State Bar Association le **prohibió ejercer.** Esto significaba que ya no se le permitiría trabajar como abogado o juez en el estado de Colorado.

Los años en California

Ben, su esposa y su hija se mudaron a California en 1929. La Sra. Lindsey estaba enferma y los médicos pensaron que el clima de California sería mejor para su salud. Otro motivo por el que se mudaron fue para que Ben pudiera ejercer su profesión, ya que no se le había prohibido hacerlo en California.

A los sesenta y dos años, Ben volvió a empezar y continuó ejerciendo. En 1934, lo nombraron juez del Tribunal Superior de California y del Tribunal de Menores de California, que era similar al sistema de tribunales de menores que Ben había comenzado en Colorado. Continuó trabajando para que mejorara el trato con los menores infractores, los trabajadores y las mujeres.

En 1935, la Suprema Corte de Colorado revocó el fallo que le prohibía a Ben el

ejercicio de la abogacía y le permitió volver a trabajar en Colorado. Ben decidió quedarse en California y no regresó.

El 26 de marzo de 1943, el juez Benjamin Barr Lindsey falleció de un infarto en su casa de California. Tenía setenta y tres años. De acuerdo a sus deseos, parte de sus cenizas fueron sepultadas en el Tribunal de Menores de Denver. Poco después de su muerte, se donó una estatua de su imagen al Tribunal de Menores que hasta la actualidad permanece allí.

En 2010, se construyó un nuevo tribunal en Denver, que fue nombrado Lindsey-Flanigan Courthouse en honor a Benjamin Barr Lindsey y James C. Flanigan, el primer afroamericano que sirvió como juez en el Tribunal de Distrito de Denver. Este tribunal está ubicado en 220 West Colfax en Denver.

El tribunal Lindsey-Flanigan Courthouse honra a Ben Lindsey y al juez James C. Flanigan. El juez Flanigan fue un respetado juez de distrito afroamericano, fiscal de distrito y un juez de la corte municipal.

El legado

A pesar de sus problemas y la pobreza que sufrió en su juventud, Benjamin Barr Lindsey asumió el control de su vida. Incluso después de realizar el sueño de su infancia de ser abogado, su vida no fue fácil. Defendió sus principios de honestidad y se preocupó por los demás. Sacó el mayor provecho de sus talentos y mejoró la vida de muchas personas. Su trabajo con los menores infractores no solo fue importante para Denver y Colorado, sino para todos los Estados Unidos. De hecho, su sistema es la base de todos los sistemas de tribunales de menores del mundo.

Preguntas para reflexionar

- Ben no quería que los menores infractores fueran a prisión con delincuentes adultos. ¿Qué pensaba que necesitaban los jóvenes en vez de castigo?

- La mayoría de los niños con los que trabajó Ben se volvieron ciudadanos respetables que contribuyeron a la sociedad a pesar de sus difíciles comienzos. ¿A qué crees que se debe esto?

- ¿Por qué los empresarios y políticos locales estaban molestos con Ben luego de que lo nombraron juez del tribunal del condado?

Preguntas para los integrantes del programa Young Chautauqua

- ¿Por qué se me recuerda (o se me debería recordar) en la historia?

- ¿Qué dificultades enfrenté y cómo las superé?

- ¿Cuál es mi contexto histórico (qué otras cosas sucedían en mi época)?

Glosario

Abrumado: tenía sentimientos muy fuertes.

Asistente administrativo: persona que se
encarga de llevar los registros y las cuentas.

Baños públicos: construcciones equipadas
para bañarse.

Bares: lugares a donde iban los hombres a
tomar bebidas alcohólicas, como cerveza, y
a socializar.

Centro de detención: lugar donde los
menores infractores cumplen las condenas
que dictamina el tribunal.

Circunstancias: forma en que son las cosas;
hechos.

Confianza en sí mismo: sentimiento de
confianza o convicción en la capacidad de
uno mismo.

Declaración: testimonio que dan los testigos
bajo juramento en los tribunales.

Desacato al tribunal: desobediencia o falta de respeto al tribunal, el juez o la asamblea legislativa.

Descuidaban: prestaban poca atención o respeto.

Filántropa: persona que trabaja para asegurarse de que se trate a las demás personas con igualdad y respeto.

Indemnización por accidentes de trabajo y desempleo: pago que se realiza a personas desempleadas o que se han sufrido un accidente en el trabajo.

Infractores: personas que cometen una falta.

Menores: niños o jovenes menores de dieciocho años.

Oficiales de libertad condicional: personas que supervisan a otras que salieron de prisión antes de cumplir la totalidad de la sentencia.

Oficina inmobiliaria: negocio que trabaja con la compra y venta de propiedades, incluidos construcciones y terrenos.

Operador de telégrafo: persona que opera un aparato eléctrico que envía mensajes mediante un código por cables.

Organizaciones benéficas: organizaciones que ayudan a las personas necesitadas.

Políticos: personas que participan activamente en la política o asuntos del gobierno.

Preservación: protección de cosas valiosas.

Procesó: inició un proceso legal contra una persona acusada para probar su culpabilidad.

Reformatorio: lugar donde los menores infractores cumplen las condenas que dictamina el tribunal.

Revocar: anular un fallo anterior del tribunal.

Tranvía: vehículo que transporta muchos pasajeros y se desplaza sobre rieles por las calles de la ciudad.

Vida privada: lo que hace una persona cuando no está en su empleo o trabajo oficial.

Línea cronológica

1861
Colorado se convierte en territorio de los Estados Unidos.

1869
Nace Benjamin en Jackson, Tennessee.

1876
Colorado se convierte en el estado número 38.

1880
Ben se muda a Denver con su familia.

1887
Fallece el padre de Ben.

1894
Ben se recibe de abogado en la Universidad de Denver.

Línea cronológica

1900
Ben es nombrado juez del tribunal del condado.

1903
Ben crea el Tribunal de Menores de Denver, uno de los primeros del país.

1929
El colegio de abogados Colorado State Bar Association le prohíbe a Ben ejercer la profesión. Él y su familia se mudan a California.

1935
La Suprema Corte de Colorado revoca la prohibición de Ben.

1943
El juez Benjamin Barr Lindsey fallece en California.

2010
Se nombra un nuevo tribunal en Denver en honor a Ben.

Bibliografía

Documentación de Ben B. Lindsey (colección número 832). Departmento de Colecciones Especiales, biblioteca Charles E. Young Research Library, UCLA. http://oac.cdlib.org/findaid/ark:/13030/kt5q2nb9fb/ Consulta del 30 de agosto de 2012.

Huber, Frances Anne. Tesis de maestría, Universidad de Michigan, Ann Arbor, *The Progressive Career of Ben B. Lindsey, 1900–1920*, 1963.

Larsen, Charles. *The Good Fight: The Life and Times of Ben B. Lindsey*. Chicago: Quadrangle Books, 1972.

Lindsey, Ben B. y Harvey J. O'Higgins. *The Beast.* Seattle: University of Washington Press, 1970. Publicado por primera vez en 1910 por Doubleday, Page & Company.

Lindsey, Ben B. (Ben Barr). *The Revolt of Modern Youth.* New York: Boni & Liveright, 1925.

Lindsey, Ben B. y Rube Borough. *The Dangerous Life*. New York: Arno Press, 1974. Publicado por primera vez en 1931 por H. Liveright.

Markham, Edwin; Benjamin B. Lindsey y George Creel. *Children in Bondage*. New York: Arno, 1969. Publicado por primera vez en 1914 por Hearst's International Library Co.

Índice

Acerca de esta serie

En 2008, la organización Colorado Humanities y el Departamento de Estudios Sociales de las Escuelas Públicas de Denver se asociaron a fin de implementar el programa Young Chautauqua de Colorado Humanities en las Escuelas Públicas de Denver y crear una serie de biografías sobre personajes históricos de Colorado, escritas por maestros para jóvenes lectores. El proyecto se denominó "Writing Biographies for Young People". Filter Press se sumó al proyecto en 2010 para publicar las biografías en una serie que se tituló "Grandes vidas en la historia de Colorado".

Los autores voluntarios, maestros de profesión, se comprometieron a investigar y escribir la biografía de un personaje histórico de su elección. Se informaron sobre el programa Young Chautauqua de Colorado Humanities a través de sus portavoces y participaron en un taller de cuatro días que incluyó el recorrido por tres importantes bibliotecas de Denver: el centro de investigación Stephen H. Hart Library and Research Center en el centro History Colorado, el Departamento de Genealogía e Historia Occidental de la biblioteca Denver Public Library y la biblioteca Blair-Caldwell African American Research Library. Para escribir las biografías, emplearon las mismas destrezas que se espera de los estudiantes: la identificación y localización de recursos confiables para la investigación, la documentación de dichos recursos y la elección de información adecuada a partir de ellos.

El resultado del esfuerzo de los maestros fue la publicación de trece biografías en 2011 y veinte en 2013. Al tener acceso a la colección curricular completa de las biografías elaboradas acorde a su edad, los estudiantes podrán leer e investigar por sus propios medios y aprender valiosas habilidades de escritura e investigación a temprana edad.

Con la lectura de cada biografía, los estudiantes adquirirán conocimientos y aprenderán a valorar las luchas y vicisitudes que superaron nuestros antepasados, la época en la que vivieron y por qué deben ser recordados en la historia.

El conocimiento es poder. Las biografías de la serie "Grandes vidas en la historia de Colorado" ayudarán a que los estudiantes de Colorado descubran lo emocionante que es aprender historia a través de las vidas de sus héroes.

Se puede obtener información sobre la serie a través de cualquiera de los tres socios:

Filter Press en www.FilterPressBooks.com
Colorado Humanities en www.ColoradoHumanities.org
Escuelas Públicas de Denver en curriculum.dpsk12.org/

Reconocimientos

La organización Colorado Humanities y las Escuelas Públicas de Denver agradecen a las numerosas personas que contribuyeron con la serie "Grandes vidas en la historia de Colorado". Entre ellas se encuentran:

Los maestros que aceptaron el desafío de escribir las biografías.

Dra. Jeanne Abrams, directora de la sociedad histórica judía Rocky Mountain Jewish Historical Society, y Frances Wisebart Jacobs, experta.

Paul Andrews y Nancy Humphry, Felipe y Dolores Baca, expertos.

Dra. Anne Bell, directora del programji a Teaching with Primary Sources, University of Northern Colorado.

Analía Bernardi, traductora bilingüe, Escuelas Públicas de Denver.

Mary Jane Bradbury, portavoz Chautauqua de la organización Colorado Humanities, y Augusta Tabor, experta.

Joel' Bradley, coordinador de proyectos, Escuelas Públicas de Denver.

Sue Breeze, portavoz Chautauqua de la organización Colorado Humanities, y Katharine Lee Bates, experta.

Betty Jo Brenner, coordinadora de programas, organización Colorado Humanities.

Tim Brenner, editor.

Margaret Coval, directora ejecutiva, organización Colorado Humanities.

Michelle Delgado, coordinadora de Estudios Sociales de Enseñanza Primaria, Escuelas Públicas de Denver.

Jennifer Dewey, bibliotecaria de consulta, biblioteca Denver Public Library, Departamento de Genealogía e Historia Occidental.

Jen Dibbern y Laura Ruttum Senturia, biblioteca y centro de investigación Stephen H. Hart Library and Research Center, centro History Colorado.

Coi Drummond-Gehrig, director de Investigación y Ventas de Imagen Digital, biblioteca Denver Public Library.

☞ *Benjamin Lindsey* 39

Susan Marie Frontczak, portavoz Chautauqua de la organización Colorado Humanities y orientadora del programa Young Chautauqua.

Tony Garcia, director artístico ejecutivo de El Centro Su Teatro y Rodolfo "Corky" Gonzales, experto.

Melissa Gurney, Museos de la Ciudad de Greeley, centro de investigación Hazel E. Johnson Research Center.

Jim Havey, Productor/Fotógrafo, Havey Productions, Denver, Colorado.

Josephine Jones, directora de programas, organización Colorado Humanities.

Jim Kroll, director, Departamento de Genealogía e Historia Occidental, biblioteca Denver Public Library.

Steve Lee, portavoz Chautauqua de la organización Colorado Humanities, y Otto Mears, experto.

April Legg, desarrolladora de programas escolares, centro History Colorado, Programas de Educación y Desarrollo.

Nelson Molina, editor de español y asesor de traducción.

Terry Nelson, director de Recursos Comunitarios y Colecciones Especiales, biblioteca Blair-Caldwell African American Research Library, y Fannie Mae Duncan, experta.

Jessy Randall, curadora de Colecciones Especiales, Colorado College, Colorado Springs, Colorado.

Elma Ruiz, coordinadora de Estudios Sociales K–5, Escuelas Públicas de Denver, 2005–2009.

Keith Schrum, curador de libros y manuscritos, biblioteca y centro de investigación Stephen H. Hart Library and Research Center, centro History Colorado.

William Thomas, biblioteca Pikes Peak Library District.

Danny Walker, bibliotecario principal, biblioteca Blair-Caldwell African American Research Library.

Dr. William Wei, profesor de Historia, Universidad de Colorado, Boulder, y Chin Lin Sou, experto.

Acerca de la autora

Antes de convertirse en maestra de enseñanza primaria de las Escuelas Públicas de Denver, Gretchen Allgeier dirigió un negocio de fabricación y abastecimiento de encajes de su propiedad. También escribió numerosos artículos en revistas comerciales sobre encajes. Actualmente está jubilada y vive en Denver con su esposo e hija y una gran cantidad de gatos.